QUELQUES FEUILLETS

SUR

ROME, LORETTE

ET DIVERS SUJETS

TOURS

IMPRIMERIE E. SOUDÉE

—

1894

PROLOGUE

Sur le point de visiter la Ville éternelle et
d'effectuer notre pèlerinage à N. D. de Lorette,
il nous plaît, dans un but d'édification et de reconnaissance, de reproduire quelques pages
sur Rome que nous publiâmes en 1888 à l'occasion du Jubilé de S. S.Léon XIII et quelques-
uns des feuillets de propagande religieuse qui
nous furent demandés par le bien zélé M. Au-
gustin Boisleux.

Comme nous avons étudié le pèlerinage de
Rome, de même nous avons dû nous appliquer
à étudier celui de Lorette, dont la grande at-
traction consiste dans la Maison (Santa Casa)
dela Sainte Famille, qui reçut la visite de l'ange
Gabriel à Nazareth, où s'écoulèrent dans le
travail et la pauvreté les jours de la vie cachée de N.-S. J.-C. et qui vit célébrer la première messe du prince des Apôtres. Quels
mystères et quels souvenirs !

Mais une raison particulière et pleine d'op-
portunité nous engage à cette publication.

c'est qu'elle est destinée à recueillir des aumônes en faveur d'un autel qu'on érige actuellement à la mémoire de S. Louis de France dans la célèbre basilique majeure de Lorette.

L'ABBÉ GOUPIL.

Chevalier de l'Ordre de S.S. Léon XIII,
Chanoine de N. D. de Lorette.

24 février, saint Mathieu.

Lorette, 11 mars 1894.

Je remercie de cœur M. le chanoine Goupil et je le bénis.

† Th. évêque de Lorette.

PÉLERINAGE A ROME

PREMIER ITINÉRAIRE

Nous arrivons en gare, proche de l'Église Sainte-Marie-Majeure, la plus grande des trente-neuf églises de Rome dédiées à la Vierge Marie.

Nous nous rendons directement à l'hôtel de la Minerve. Aussitôt reposés, nous nous empressâmes d'aller visiter le grand chef-d'œuvre de la Rome papale, la basilique de Saint-Pierre, située au pied du mont Vatican, (au delà du Tibre). C'est peut-être la plus étonnante merveille du monde, le plus bel édifice qui fut jamais, et que nous devons à la sollicitude et à la générosité de quarante papes.

Nous sommes au milieu de la superbe *colonnade* du chevalier Bernin : elle déploie devant nos yeux étonnés ses colossales proportions. C'est une forêt de colonnes rangées régulièrement et majestueusement, enveloppant une grande place elliptique, l'une des plus belles de l'univers, et au milieu de laquelle domine le bel obélisque Égyptien d'Héliopolis, d'un seul morceau, en granit rouge et que plaça là Sixte-Quint. Les colonnes, au nombre de deux cent quatre-vingt quatre, avec soixante-quatre pilastres, sont d'ordre dorique, elles forment trois allées dont la plus grande permet passage à deux carosses de front.

Entrons dans Saint-Pierre. Quelle immensité! quelle magnificence! quelles richesses multipliées fournies par tous les arts et par les plus grands artistes : le Bramante, Raphaël. Michel-Ange. qui donna à cette grande basilique la forme d'une croix grecque! Quel aspect imposant et majestueux! quelles merveilleuses proportions! en un mot, architecture magique!

En raison de l'harmonie des proportions, l'immensité de l'œuvre semble disparaître, mais à mesure qu'on avance les choses grandissent par enchantement, les voûtes s'élèvent, la nef s'allonge. les nains sont des colosses, les anges qui portent des bénitiers deviennent des géants. les chapelles s'élargissent comme des cathédrales, les statues fourmillent, les mosaïques et les peintures étonnent. l'œil fatigué d'admiration. Quelle abondance de marbres. d'albâtres. de bronzes. de stucs dorés !

Ce temple est sans conteste le plus grand qui soit au monde, et les constructions les plus admirables de l'antiquité ne sauraient prévaloir.

Sous la coupole s'élève un précieux baldaquin de bronze. soutenu par quatre colonnes torses richement dorées. Sous ce baldaquin est le maitre-autel où le pape officie aux grandes fêtes. A droite devant le quatrième pilier. l'on voit la statue de S. Pierre. dont le pied droit est usé sous le fait multiplié des baisers.

Un double escalier de marbre nous conduit au tombeau de S. Pierre qui est sous le grand autel. Quatre-vingt lampes brûlent perpétuellement devant la confession.

La chaire de Saint-Pierre, renfermant son siége épiscopal, est placée au fond de la nef.

Ce qui étonne le plus dans cet édifice merveilleux, c'est la coupole, œuvre incomparable que le génie de Michel-Ange a placée dans les airs et comme aux portes du ciel.

Au sommet, on trouve une lanterne qui mesure seize mètres de hauteur. Lorsqu'à certaines fêtes, la coupole de Saint-Pierre était illuminée, c'était un tableau magique, un spectacle féerique à nul autre pareil.

Quant à la façade, elle présente cinq portes d'entrée, dont la principale est toute en bronze. L'une d'elles est murée, elle ne s'ouvre que tous les vingt-cinq ans pour le Jubilé. L'entablement d'ordre ionique porte cent-quatre-vingt-douze statues de grande dimension; au milieu est la loge pontificale destinée au couronnement des papes et à la bénédiction papale *urbi et orbi.*

L'emplacement de cette grandiose basilique est celui du cirque de Néron, dans lequel des milliers de chrétiens reçurent la mort :

Sancti martyres, ocale pro nobis.

C'est également l'emplacement du Vatican, demeure papale.

Parmi les 72 palais de Rome, celui du Vatican est assurément le plus spacieux et le plus admirable : il est même le plus grand du monde et ses richesses sont inexprimables. C'est le palais des arts. Il compte 22 cours, 11.000 salles ou chambres, 20 escaliers principaux, et 2 magnifiques chapelles. Pourtant ce n'est qu'une masse de constructions sans plan et sans ensemble.

Son nom vient de Vates (devin). La tradition rapporte que des oracles se faisaient entendre sur ce mont autrefois sacré aux yeux des païens.

Charlemagne parait avoir habité le Vatican. Des papes l'ont agrandi et embelli surtout depuis leur retour d'Avignon à Rome. Des fresques et des tableaux de valeur ornementent les galeries et les salles de ce palais. On remarque la *galerie des tableaux* où nous admirons la Transfiguration de Raphaël, qui est la plus haute expression du génie de ce peintre, si noble de caractère, et si fécond par ses œuvres prodigieuses : la *galerie des tapisseries* dont 25 ont été travaillées à Arras, d'après des cartons de Raphaël ; la treizième représente les Trois Mages, éblouissants par les couleurs, les ornements et le luxe asiatique : le *Musée Chiaramonti* qui possède 100 ouvrages de marbre, dont 103 statues, parmi lesquelles une Vénus, qui est inférieure à celle du Capitole : le *Musée Pie Clémentin* formé de huit parties et contenant des bustes, des muses, des animaux, des candélabres : *les loges et les chambres de Raphaël,* qui renferment une série de tableaux commençant à la Création du monde et finissant à la Cène : le *Musée Grégorien* et le *Musée Egyptien.*

Dans la chapelle Sixtine, nous admirons le Jugement dernier de Michel-Ange, tableau de 40 pieds sur 50 de hauteur.

Nous montons au *Belvédère.* C'est là qu'on voit l'Apollon, le groupe de Laocoon, l'Antinoüs, le torse d'Hercule, chefs-d'œuvre de la statuaire antique.

Nous visitâmes encore la *Bibliothèque du Vatican,* riche de 500.000 volumes, et 50.000 manuscrits rares, en latin, en grec et dans les langues orientales. Le bibliothécaire était récemment le cardinal français Dom Pitra.

Pour voir le Pape, il nous a fallu un billet d'audience délivré par l'ambassade française.

Du Vatican nous passons au *Château-Saint-Ange* (Castello S. Angelo) colossal mausolée que l'empereur Adrien fit ériger pour lui et ses successeurs. Ce fut la sépulture des empereurs romains. Au faîte de cette construction gigantesque s'élevait la statue colossale d'Adrien. La hauteur de l'édifice est de 50 mètres.

La peste sévissait à Rome sous le pontificat de Grégoire le Grand. Comme il se faisait une procession pour conjurer le fléau, le pape vit apparaître l'archange S. Michel remettant l'épée au fourreau. En souvenir de cet événement, Boniface IV construisit au sommet du mausolée la *chapelle S. Angelo inter nubes* que remplaça plus tard une statue en marbre de l'archange. Après la visite de ce monument nous remîmes à l'officier qui nous conduisit 50 cent., et nous regagnâmes le centre de la ville par le *Pont Saint-Ange*, orné des statues des douze apôtres.

DEUXIÈME ITINÉRAIRE

De l'hôtel de la Minerve (Albergho della Minerva) nous nous rendîmes par la Via di Ripetta, située sur le bord du Tibre, à la place du peuple (Piazza del Popolo) qui, comme nombre de places à Rome, porte un obélisque, et présente deux belles fontaines à la curiosité publique.

Nous traversons le Corso, qui est la plus belle et la plus riche rue de la ville, la place de Venise, pour arriver à l'Arc de Septime Sévère.

Là, se trouve le fameux *Capitole*, où montaient jadis les triomphateurs Romains, et à côté duquel est la *Roche tarpéienne* sur laquelle étaient précipités les criminels. Personne n'ignore ce vieux dicton : la Roche tarpéienne est près du Capitole. Sur la place, s'élève la statue équestre de Marc-Aurèle, œuvre de Michel-Ange, puis le palais sénatorial.

Tout auprès du Capitole est l'église de *Sainte-Marie in Ara cœli*. Elle possède la Madone de Foligno, de Raphaël, et les restes de Ste Hélène renfermés dans une cuve de porphyre placée sous l'autel. Ce fut là où l'empereur Auguste reçut la révélation célèbre de la Sibylle de Tibur.

Il est raconté que l'empereur Auguste alla trouver la Sibylle vers l'heure de minuit, et lui demanda s'il naîtrait dans la suite des âges un prince plus grand que lui. La Sibylle, pour lui répondre, consulta de vieux livres prophétiques, mais voilà qu'une flamme mystérieuse illumina la salle et montra à la prophétesse du paganisme un spectacle inattendu.

« Vois-tu, dit-elle à l'empereur, vois-tu cette auréole ? vois-tu la douce image d'une vierge assise sur un autel et qui porte dans ses bras un petit enfant ? C'est le signe de l'avenir qu'un Dieu inconnu te révèle. Mon pouvoir est brisé; désormais les oracles ne m'obéiront plus, mais le ciel même parle par cette figure. Je ne puis rien dire, ô César ! contemple et comprends, s'il plaît au Dieu inconnu. » Une voix se fit entendre, disant : « C'est là l'autel des cieux : *ara cœli*. »

Du Capitole nous nous rendons au *forum*, place historique, dont la forme était celle d'un trapèze et qui mesurait 200 mètres de longueur sur 90 et 50. Primitivement c'était un champ où se tenaient les assemblées du peuple, aujourd'hui c'est le Campo vaccino, le Marché aux bœufs. Au temps de la prospérité romaine elle était bordée par la Voie sacrée, et entourée de temples et d'édifices politiques et commerciaux. On voit encore les ruines du temple de Jules César, de la Basilica Julia, du temple de Castor et Pollux, puis les trois colonnes du temple de Vespasien, les huit colonnes du temple de Saturne, le temple de la Concorde, celui d'Antonin et Faustine, et le portique des Douze Dieux à côté du Mont Tarpée.

Nous passons auprès de *l'Arc de Titus*, cet empereur Romain célèbre à plusieurs titres, qui fit le siège de Jérusalem, qui éleva le Colisée, actuellement sous nos yeux et qui considérait comme perdue la journée dans laquelle il n'avait pas fait quelque bien.

Voici *l'Arc de Constantin*, puis, un peu en avant la *Meta sudans*, ancienne fontaine.

Nous sommes au *Colisée*, la ruine la plus imposante de Rome et dont la construction majestueuse révèle un grand artiste. On croit que ce fut un chrétien du nom de Gaudentius. Ce monument fut commencé sous Vespasien et terminé sous Titus, en moins de trois ans. Douze mille Juifs, amenés de Jérusalem après le sac de cette ville, y travaillèrent. Ses matériaux furent des pierres de Tibur pour l'extérieur, du marbre et du bois pour les gradins. Le premier gradin en marbre, appelé Podium, était réservé à l'empereur : le deuxième était affecté aux chevaliers, les autres au peuple. Mille colonnes de tout ordre d'architecture et trois mille statues de bronze les ornementaient. Cet amphithéâtre appelé d'abord amphithéâtre Flavien pouvait contenir 87,000 spectateurs.

son arène de forme elliptique, a vu périr 200,000 martyrs.

Lors de son inauguration qui eut lieu l'an 80 de l'ère chrétienne, pendant cent jours de fêtes publiques, cinq mille lions, tigres, bêtes féroces périrent dans son enceinte, et plusieurs milliers de créatures humaines furent les victimes.

Le monde n'a jamais vu rien de semblable au Colisée. Plus d'un million d'ouvriers, prisonniers de guerre, y compris les douze mille Juifs, travaillèrent à ce colossal édifice qui mesurait 547 mètres de circonférence, 50 mètres de hauteur, 190 de grand diamètre et 157 de petit, car la forme en est elliptique, conformément à l'arène intérieure. On monte au premier étage par 56 marches, au second et au troisième par 48, et au quatrième par 35. Le nom de Colisée tire son origine ou de sa masse colossale ou encore de sa proximité du Colosse de Néron. La statue de Néron mesurait 120 pieds de haut : l'empereur Adrien la fit transporter au moyen de vingt-quatre éléphants devant l'amphithéâtre.

Ce prodigieux monument résume toute l'histoire Romaine, sa grandeur, sa puissance, sa férocité. Le soir, au soleil couchant, le Colisée présente un spectacle merveilleux d'une majesté sans égale. La nuit, quand la lune éclaire, c'est un tableau magique dont la vue plonge dans une solennelle rêverie.

Voilà dix-huit siècles qu'il domine la ville de

Rome et telle est la solidité de sa masse, quoique les deux tiers n'existent plus que l'on y grava cette inscription : « Tant que le Colisée sera debout, on verra subsister la puissance de Rome, quand le Colisée s'écroulera, Rome sera renversée, et l'écroulement de cette souveraine cité sera le signal de la fin du monde et de la chute de l'univers. » De là, le nom de Ville éternelle donné à cette étonnante et merveilleuse cité.

Du Colisée, nous allions par la Via di S. Grégorio, et la porte S. Paul, à l'intéressante *Église de Saint-Paul hors les murs*.

Au sortir de la porte Saint-Paul, nous remarquons la *pyramide de Caius Ceslius*, formée de briques revêtues de marbre, et le tombeau de Cæcilia Métella.

Saint-Paul hors les murs est une construction toute moderne qui date seulement de 1854. L'ancienne église construite en 388 fut détruite par un incendie en 1828. C'est la plus belle et la plus curieuse des églises romaines, au point de vue des richesses ornementales. Elle est formée de cinq nefs: quatre-vingt-colonnes corinthiennes en marbre de 70 c. de pourtour, soutiennent non pas une voûte, mais un plafond somptueux. On y voit le portrait de tous les papes.

TROISIÈME ITINÉRAIRE

Nous nous rendons au *Panthéon*, qui est le monument le mieux conservé et en même temps le plus magnifique de tous les édifices de l'ancienne Rome. Il fut élevé par Agrippa, gendre d'Auguste, et dédié à Jupiter Vengeur, quelques auteurs disent à tous les Dieux, d'où il tire son nom de Panthéon. Ce temple renfermait plusieurs statues des Divinités païennes : celle de César y fut placée quand celui-ci fut divinisé : des chapelles remplacent les niches où étaient les statues de Mars, Vénus, Jupiter, César... Aujourd'hui ce même temple, sous le nom vulgaire de *la Rotonde*, et sous le nom pieux de *Sainte Marie aux martyrs*, contient les tombeaux de Raphaël, de Victor-Emmanuel et du cardinal Consalvi, dû au ciseau du célèbre sculpteur danois Thorwaldsen.

Sa hauteur totale est de 43 m. 40 c., la voûte hémisphérique de même mesure éclaire tout l'intérieur d'une façon singulière au moyen d'un œil de neuf mètres de diamètre, ce qui dispose singulièrement au recueillement.

Cette voûte est décorée de cinq rangs de caissons carrés qui jadis furent revêtus de lames d'argent. Le portique, composé de seize colonnes monolithes de granit gris, d'ordre corinthien, est le plus beau de toute l'Italie. Il était autrefois voûté en plaques d'airain doré, avec des ornements d'argent. En avant, vu la disposition spéciale des colonnes, l'œil aperçoit aisément deux grandes niches, où furent placées, dans le temps, les statues d'Auguste et d'Agrippa. Quel magnifique péristyle ! Au reste, les plus fines nuances de construction se remarquent dans cette étonnante architecture. Les colonnes sont d'une proportion admirable, le travail des bases et des chapiteaux est d'une perfection exquise : d'où il résulte une impression mystérieuse et un religieux étonnement dont on est saisi avant même de pénétrer à l'intérieur.

C'est sur le modèle du Panthéon de Rome qu'ont été conçus les temples les plus admirés, Saint-Pierre du Vatican, Saint-Paul de Lourdes, Sainte-Geneviève de Paris, Sainte-Sophie de Constantinople.

Du Panthéon, nous allons en traversant le Corso et par plusieurs petites rues irrégulières à la *Fontaine de Trévi*, la plus magnifique de Rome, attenante au palais Poli. Cette fontaine est de marbre ; elle porte un caractère de grandeur qui surpasse tout ce qu'on peut imaginer. Son eau fameuse s'appelle Vierge (Acqua Vergine) d'une jeune fille qui la montra à des soldats altérés. Agrippa fit conduire cette eau à Rome pour l'usage de ses thermes. Son nom de Trévi vient de ses trois bouches, trivio, dont on fit par corruption Trévi. La niche du milieu contient la statue de Neptune, les deux autres contiennent la statue de la Fécondité et celle de la Santé. Ce monument fut achevé en 1762.

A proximité se trouve le *Palais du Quirinal* qui tire son nom de la colline même. La façade du palais, quoique belle, n'a rien de remarquable, mais au pied du Quirinal s'élève avec majesté la belle *Colonne Trajane*, qui n'a pas d'égale. Toute en marbre, elle a 150 pieds et compte 2.500 figurines humaines et quantité d'élévation d'autres sujets. Leur fac-similé est au Musée de Latran, 3e étage. La statue de saint Pierre la surmonte, à la place de celle de Trajan qui y était jadis. Ce superbe monument fut construit par les ordres du Sénat Romain, tandis que Trajan se couvrait de gloire dans son expédition contre les Parthes.

Du Quirinal nous allons à *Sainte-Marie-Majeur* par la Via Milano.

Santa Maria Maggiore, dite encore N.-D. des Neiges est l'une des cinq églises patriarcales. La maternité de la Vierge Marie y fut proclamée, en l'an 430. Elle conserve précieusement la crèche de N. S. Jésus-Christ.

La façade possède une loge (loggia) d'où le pape bénissait le peuple chaque année au 15 août. On remarque encore la porte Jubilaire et à l'intérieur, des mosaïques du ve siècle, un saint Jérôme de Ribera, une statue de saint Gaëtan par le Bernin, des tombeaux de plusieurs papes, un beau bassin de porphyre servant de fonts baptismaux, et une image miraculeuse de Marie, attribuée à saint Luc et placée dans la chapelle Borghèse.

Une légende du Bréviaire Romain raconte qu'un praticien Romain et sa noble épouse, n'ayant pas d'enfants, firent vœu de consacrer

leurs biens à la Très-Sainte Vierge et deman-
daient chaque jour quelle œuvre faire. Or le 5
août, la Sainte vierge leur apparut, ainsi qu'au
pape Libère et ordonna qu'on lui élevât un
temple là où ils trouveraient la terre couverte
de neige. Le lendemain, en un temps où les
chaleurs sont excessives à Rome, la terre fut
couverte de neige sur le mont Esquilin. Le
pape vint en procession constater le miracle
et la construction de l'Église fut ordonnée.
(ive siècle).

De *Sainte-Marie-Majeure* nous nous rendîmes par la Via Carlo Alberto, la place Victor-
Emmanuel et la Via Conte Verde à *Sainte-Croix
de Jérusalem.*

Cette église est l'une des sept églises de Rome bâties par l'impératrice sainte Hélène. Elle
possède trois nefs. Elle possède un grand nombre de reliques, entr'autres l'inscription de la
Croix écrite en lettres rouges et en trois langues, sur un buis de 1 pied 5 pouces : « C'est
Jésus de Nazareth, roi des Juifs.»

A cinq minutes de là, on rencontre la célèbre
*Église de Saint-Jean de Latran, omnium urbis
et orbis ecclesiarum mater et caput.* Un trem-
blement de terre détruisit en 896 l'église primi-
tive. La nouvelle église se compose de cinq
nefs. C'est la principale église de Rome où
le pape officie et fonctionne comme évêque
de Rome. On l'appelle Basilica aurea, la
basilique d'or. Elle renferme la statue de
Constantin, celle d'Henri IV, le tombeau du

pape Martin V, celui d'un cardinal, une peinture de Giotto, qui de pâtre devint célèbre artiste. Deux fois cette église fut détruite par des incendies. Cinq conciles importants y ont été tenus de 1123 à 1512.

C'est dans cette église qu'est la *Scala santa*, les 28 marches du prétoire que gravit N. S. dans le palais de Pilate et que Ste Hélène rapporta de Jérusalem, en 326. On les monte à genoux.

Le musée, dit Musée Grégorien, a pris des proportions considérables: il joint la Basilique. On y distingue le musée profane, le musée chrétien et la galerie de peinture. Cette galerie présente à la curiosité des copies des peintures des Catacombes, la lapidation de saint Étienne par Jules Romain, plusieurs mosaïques intéressantes, un tableau de Van Dick, etc.

Au premier plan du Musée de Latran, dans le grand corridor exi tent des Sarcophages chrétiens très anciens des IVe et Ve siècles.

DERNIÈRES VISITES

Nous ne quitterons pas Rome sans visiter la *Prison Mamertine* qui est à l'angle de la Via d'ell Arco di Settimo Severo et de la Via di Marforio, près du Forum. C'est dans cette prison petite, profonde, obscure, attribuée au roi Servius Tullius, que fut renfermé

S. Pierre, pendant huit mois, lors de la persécution de Néron contre les chrétiens et d'où il sortit pour subir le martyre avec S. Paul, l'an 65. Là, moururent Jugurtha et Vercingétorix. Cette prison a été transformée en l'église San Pietro *in-carcere*, et se trouve sous la petite église Saint-Joseph. Après avoir vu les thermes de Caracalla, qui contenaient 1600 baigneurs, ceux d'Agrippa, de Constantin, de Dioclétien, de Titus et le palais des Empereurs, tout cela en ruines, nous nous rendons aux *Catacombes*, à celles de Saint-Calixte, en dehors de la ville et qui renferment les restes de 174.000 martyrs et de 46 pontifes.

Les Catacombes de Sainte-Agnès possèdent les plus belles peintures de Rome souterraine, entr'autres une tête de Christ qui présente un beau type. On y voit aussi une belle représentation de la sainte, dont les catacombes sont situées dans un vallon délicieux, bien en harmonie avec le doux souvenir de cette jeune martyre.

Maintenant, disons un affectueux adieu à ces lieux sacrés, à ces augustes souvenirs, à ces merveilleux monuments, à cette ville antique et éternelle, à ces collines célèbres : le Mont Vatican, le Quirinal, le mont Capitolin et les monts Aventin et Palatin. Adieu !

LORETTE

Lorette (Loreto) est une petite ville fortifiée de 8.500 habitants dans la province d'Ancône ; sise sur une colline, baignée par l'Adriatique, elle domine cette mer et les Apennins. C'est un gracieux panorama sur lequel la vue se repose agréablement. Lorette possède une belle cathédrale, qui est basilique majeure, desservie par un célèbre chapitre que les plus grands papes ont décoré des honneurs et des insignes de la prélature.

Cette église, si renommée, renferme, comme un trésor incomparable, la sainte maison (santa casa) de Nazareth où la Ste Vierge Marie fut élevée, où l'archange Gabriel la salua pour lui annoncer qu'elle serait la mère du Messie, où le Sauveur Jésus passa les jours de sa vie cachée dans le travail, l'obéissance et la pauvreté, où S. Pierre, le prince des apôtres, célébra la première messe apostolique, et qui, dans la suite, fut visitée par les plus saints personnages. S. Denis l'Aréopagite, nouvellement converti par S. Paul visita Nazareth et eut l'indicible bonheur d'y rencontrer Marie. Elle était, dit-il, si ravissante de beauté surnaturelle que si je n'avais pas su qu'il n'y eut qu'un seul Dieu, je l'aurais adorée comme une déesse.

Dès que l'empereur Constantin, du haut du Capitole Romain, eût fait briller sur le monde l'étendard sacré de la Croix, l'impératrice Hélène, quoique âgée de quatre-vingts ans, entreprit le voyage de la Palestine. Et quand elle eut retrouvé la croix du Sauveur, quand elle eut fait construire de magnifiques églises sur le Saint Sépulcre et sur la montagne des Oliviers, elle se rendit à Nazareth et, par ses ordres, un temple splendide fut élevé pour renfermer comme une précieuse relique, l'humble maison de la Ste Vierge. Il demeure encore quelques restes de ce bel édifice que les siècles ont épargnés.

S. Jérôme, dit le solitaire de Bethléem, visita souvent la sainte maison, et l'histoire a enregistré dans ses Annales, par milliers, les noms illustres des pèlerins de Nazareth, entre autres Godefroy de Bouillon, Tancrède, célèbres chevaliers des croisades, S. Louis, roi de France S. François d'Assise.

De si loin que Louis IX pût voir la cité de Nazareth, il descendit de cheval, s'agenouilla à terre dévotement et adora le Christ Jésus. Et avant d'entrer dans la ville, il jeûna au pain et à l'eau, puis il pénétra pieusement dans l'auguste temple, fit célébrer l'office divin où il communia. La reine Marguerite de Provence avait suivi le roi et témoigna la même dévotion. Elle voulut en souvenir prendre pour emblème une reine-marguerite et pour devise : « Reine de la terre, servante de la Reine du ciel. » Avant son départ, S. Louis fit entourer la ville de fortifications pour la défendre contre les incursions des Sarrasins.

Cependant, on en sait l'histoire, ceux-ci demeurèrent les maîtres, et ils foulèrent de leurs pieds infidèles les Saints Lieux. Ces impies portaient partout l'outrage et détruisaient sur leurs pas tout par le fer et par le feu. Tandis que la barbarie est maîtresse, la Religion, versant des larmes, est forcée d'abandonner cette région, témoin des mystères divins.

Mais Dieu, quand il convient à sa sagesse, met un frein à la fureur de ses ennemis : il marqua la limite où devaient s'arrêter leurs ravages. Frappés d'une terreur surnaturelle, les musulmans s'arrêtèrent devant Bethléem et le Saint Sépulcre et s'en firent eux-mêmes les gardiens.

Quant à la maison de Nazareth, plus éloignée, elle fut soustraite à ces désastres par un éclatant prodige.

Le 10 du mois de mai 1191, sous le pontificat de Nicolas IV, quelques habitants de la Dalmatie aperçurent, à la seconde veille de la nuit, comme une maison lumineuse qui s'avançait à travers les airs sur la mer Adriatique. A une certaine distance du rivage, elle s'arrêta immobile, puis s'abaissa sur le sol. Les spectateurs furent stupéfaits. Le lendemain, la maison merveilleuse était déposée près de Tersatz.

Le bruit de ce prodige étonnant se répandit avec rapidité. On accourt de toutes parts, on admire l'air antique de ce monument mystérieux, on entre timidement par une porte entr'ouverte. O surprise ! c'est un sanctuaire dédié à Marie, il renferme un autel de fortes pierres carrées, surmonté d'une croix grecque avec ces mots : « Jésus de Nazareth, roi des Juifs. » Quelques peintures, les unes fraîches, les autres demi-effacées, apparaissent sur les murailles, une statue de la Vierge, tenant entre ses bras l'enfant Jésus, revêtue d'une robe écarlate, une couronne de perles au front, repose dans une niche. Et, singularité ! une petite cheminée bien modeste ainsi qu'une petite armoire, se *présentent* aux regards des curieux.

Les habitants de Tersatz et de Fiume sont saisis de crainte et d'admiration, tout ensemble, lorsque inopinément apparaît devant eux, le vénérable pasteur de S. Georges, l'évêque Alexandre, qu'une maladie longue et dangereuse avait conduit aux portes du tombeau, et qui, d'une façon si inattendue, se montre à cette heure plein de force et de santé.

Ce vénérable vieillard raconte que la Vierge Marie lui était apparue et lui expliqua le prodige, affirmant l'authenticité de la maison, de la statue et du crucifix et qu'en témoignage et preuve il éprouva une guérison subite.

Qu'on juge de la joie du peuple à l'audition de ce récit aussi affirmatif que merveilleux, mais ce ne fut pas tout. Le gouverneur de Tersatz, instruit du miracle, quitte le camp de l'Empereur Rodolphe I et arrive s'assurer de la réalité du fait. Plein de prudence et de sagesse, il envoie à Nazareth une députation dont fait partie l'évêque Alexandre. Arrivés à Nazareth, ces députés parcourent les ruines de la Basilique, la maison de Marie y manquait, ils en voient l'emplacement, les fondations, mesurent les dimensions, étudient avec une scrupuleuse attention la qualité et la forme des pierres. L'identité de l'édifice est parfaite.

De leur côté, les habitants de l'ancienne Galilée, longuement interrogés, racontèrent avec larmes et profonds regrets que le pieux monument, qui fut tant l'objet de leur vénération, avait disparu soudainement du milieu de leur Basilique, et l'accord des dates venait tout confirmer.

La dévotion publique ne tarda pas à prendre son essor. Les pèlerins accouraient de toutes parts, mais les desseins de Dieu sont pour les hommes un jardin fermé, impénétrable.

Quatre ans ne se sont pas écoulés que la Sainte Maison fut transportée par le ministère des Anges dans la marche d'Ancône, de l'autre côté de l'Adriatique.

Ce fut le 11 décembre 1294, trois jours avant que le saint pape Célestin se dépouillât volontairement du Souverain Pontificat : la sainte

Maison de Marie, vers la dixième heure de la nuit, traversa la mer Adriatique et alla se placer dans le milieu d'une forêt de lauriers d'où lui est venu le nom de Lorette. Quelques historiens prétendent que cette forêt appartenait à une dame du nom de Lauretta.

Au passage de la Santa Casa, les gens du pays rapportèrent que les lauriers se sont inclinés par respect et vénération et conservèrent cette courbure prodigieuse jusqu'à ce que le fer du bûcheron les coupât.

De simples bergers qui veillaient pendant la nuit à la garde des troupeaux furent les premiers témoins du nouveau prodige qui, sans doute pour vaincre l'incrédulité et confondre les impies, se renouvela encore deux fois.

Effectivement, la Santa Casa s'était posée au point le plus reculé de la forêt où pour y venir les sentiers étaient rares et tortueux. Plus d'une fois, les pèlerins attardés furent traîtreusement assassinés dans les ombres de la nuit par les brigands. Ce fut évidemment un motif à la sainte Providence de Dieu de manifester de nouveau sa puissance et de transporter le vénéré sanctuaire, huit mois plus tard, à mille pas de distance, sur une colline appartenant aux deux frères de Antici.

Cette troisième translation est consignée dans un acte authentique écrit sur parchemin, en date du 9 septembre 1295 et conservé dans la noble famille des *Antici*.

Mais, ô perversité humaine ! les deux frères,

unis autant par les liens de la religion que par ceux du sang, se mirent en désaccord. L'appât des riches offrandes qui affluaient excita leur avarice, ils s'armèrent l'un contre l'autre, le sang coula, la terre en fut souillée et devint ainsi indigne de son précieux trésor céleste.

La Santa Casa ne demeura que quatre mois dans le champ des frères ennemis. A la fin de 1295, elle vint se placer sur une colline plus élevée, à l'endroit qu'elle occupe aujourd'hui depuis 600 ans.

A peine fut-elle posée sur ce promontoire qui domine au loin les Apennins et la mer Adriatique que Dieu, par les témoignages les plus éclatants, sembla l'entourer d'une gloire particulière dont ce pays privilégié doit se montrer singulièrement reconnaissant.

Boniface VIII occupait en ce temps-là le siège apostolique. A la nouvelle de cette quatrième translation et des faits miraculeux qui l'accompagnèrent, il enjoignit à l'Évêque de Recanati de veiller à la conservation du sanctuaire si précieux, si saint, si mystérieux et de bâtir des maisons pour les pèlerins et les prêtres. Telle est l'origine de Loreto.

Derechef, on choisit une députation composée de 16 chevaliers des plus notables pour aller visiter les lieux à Tersatz et en Syrie et s'assurer de l'identité du monument. Leur examen consciencieux les convainquit de cette identité et leur témoignage, confirmé par serment, est consigné dans un procès-verbal soigneusement gardé dans les archives de Recanati.

Deux cents mille pèlerins arrivaient chaque jour pour vénérer le merveilleux sanctuaire. D'incalculables miracles s'opérèrent en ce lieu béni et sanctifié.

Le pape Benoit XII (l'an 1334) accorda de nombreuses indulgences à l'église bâtie par les habitants de Recanati pour servir d'enveloppe et de reliquaire à la Santa Casa. Paul II fit jeter dans la suite les fondements d'une église beaucoup plus vaste, en reconnaissance de sa guérison de la peste, après avoir prié une nuit entière dans la sainte demeure.

Léon X, cet illustre protecteur des arts, convia les plus habiles architectes, peintres, sculpteurs pour terminer la basilique de Lorette qu'il voulait être le plus beau monument élevé à la gloire de Marie. Ce fut Léon X qui confirma la bulle de Jules II considérant les chanoines de Lorette comme étant les familiers et les commensaux à perpétuité des Souverains Pontifes.

Ce beau monument fut terminé sous Paul III et Sixte-Quint en termina les décorations, créa l'évêché de Lorette et confirma l'établissement de l'Insigne Chapitre (1586), qui n'était auparavant qu'une collégiale. En reconnaissance, une statue colossale du grand Pontife fut érigée devant la basilique.

De ce jour, le Seigneur veilla sur la Santa Casa. Il ne permit pas qu'une seule pierre en fut distraite. Et d'abord, cette sainte demeure repose sur le sol sans aucun fondement, ce qui constitue un prodige perpétuel. Les fondements sont restés à Nazareth. Le peuple de Recanati, craignant que l'édifice ainsi posé ne tombât en ruine, le fit entourer d'un autre mur avec de solides fondements, mais Dieu, par un éclatant miracle, sépara ce mur de la Santa Casa, et plus tard, comme on renversait cette maçonnerie, l'on vit avec une stupéfaction religieuse un intervalle entre le mur et la maison, tel qu'un enfant, muni d'une lumière, put s'y introduire et faire le tour de l'édifice Nazaréen.

Mais, il arriva encore que de pieux pèlerins voulurent par dévotion emporter quelque pierre de la maison : Dieu s'y opposa. C'est ainsi que l'Évêque de Coïmbre, en Portugal, ayant obtenu permission et du cardinal protecteur de Lorette et du souverain Pontife alors régnant, fit emporter une pierre par son délégué. A cause de cela, les malheurs s'accumulèrent, les dangers se multiplièrent, chemin faisant, et la maladie survint, jusqu'à ce que l'Évêque, comprenant la faute de sa pieuse indiscrétion, fit rapporter et remettre en place la pierre, l'an 1562, devant 2000 fidèles qui formèrent procession avec tout le clergé, les chanoines et le gouverneur de Lorette.

Parmi les pèlerins illustres qui visitèrent la sainte Maison de Lorette, il convient de citer S. Charles Borromée, S. André Corsini,

Ste Brigitte, S. François de Paul, si célèbre en Touraine, S. Joseph de Cupertin, surnommé le grand dévot de la Santa Casa, le bienheureux Labre qui y fit onze pèlerinages, Saint François de Sales, qui, encore jeune homme, fut ravi en extase lorsqu'il vit pour la première fois cette demeure sainte où Jésus-Christ passa trente ans de sa vie mortelle, S. Ignace de Loyola, S. François Xavier, l'apôtre intrépide des Indes, le pieux Louis de Gonzague, S. Alphonse de Liguori, le savant théologien, le pape Paul II, qui fut guéri d'une infirmité très grave dans l'intérieur même de la Santa Casa, le pape Marcel II qui y reçut la révélation de sa future élévation au Souverain Pontificat, le pape Pie VII qui y célébra la messe à la suite de sa captivité de France et Pie IX qui y fut guéri d'une fâcheuse maladie et fit alors le vœu d'embrasser la carrière ecclésiastique. C'est en souvenir de cette grâce qu'en 1855 Pie IX, alors pape, vint à Lorette, y célébra la sainte messe et assista à la messe pontificale de l'Évêque en présence d'une foule inaccoutumée.

Depuis le pontificat de S. Célestin, plus de deux cents millions de pèlerins visitèrent la Santa Casa de Lorette et chaque mois, on y distribue plusieurs milliers de communions. Pour le mois de septembre 1780, on enregistra jusqu'à 63.000 communions, fait relaté à diverses époques dans les Annales de Lorette. Chaque année, on compte environ 50.000 pèlerins.

Quarante-cinq Pontifes ont célébré les grandeurs de la Sainte Maison et ont admis dans leurs bulles, brefs et rescrits l'indubitable vérité de sa Translation miraculeuse.

C'est pourquoi personne ne s'étonnera que des natures d'élite, Montaigne, Descartes, Le Tasse, etc., aient manifesté leur dévotion envers N. D. de Lorette. Il nous plait de relater ici une charmante aventure de Mozart, enfant:

Les parents de Mozart étaient pauvres, son père était maitre de chapelle, plus habile violoniste qu'organiste. De concert avec sa sœur Fédérika, le jeune Mozart comprenant cette détresse, résolut de prier Notre-Dame de Lorette et S. Jean Népomucène, patron de la Bohème, pour obtenir du secours. Les deux enfants s'agenouillent au pied d'un arbre et ils prient. Tous deux prièrent de si bon cœur qu'ils n'aperçurent pas un personnage qui les écoutait et les considérait. « Le moyen est trouvé, s'écria Mozart, cela est venu pendant que tu priais... J'ai un assez joli talent sur le piano et je ne compose pas mal. Partons, toutes les fois que nous trouverons sur notre route un château, nous y entrerons : toi, Federika, tu chanteras, moi, j'irai au piano, je jouerai. On sera enchanté de nous entendre, on nous donnera friandises et bijoux. Nous refuserons et je dirai : payez-moi, je vous prie, afin que je porte cet argent à papa et à maman qui sont pauvres. »

Ainsi rêvait le jeune Mozart, ainsi parlait-il.

quand l'étranger s'approcha et interrogea le jeune virtuose sur sa famille. Mozart répondit que son père était maître de chapelle, qu'il avait eu sept enfants, qu'il n'en avait plus que deux et qu'il vivait dans la pauvreté, souvent ne déjeûnant pas et les envoyant dans les champs pour qu'ils ne soient pas témoins de ses privations.

Le personnage étranger promit du secours, et ne tarda pas à envoyer à la famille Mozart un bon diner. Celui qui apporta le diner, questionné sur le donateur, dit au maître de chapelle : « Si vous voulez en savoir davantage, envoyez votre fils au piano, lorsque la personne paraîtra. » Le personnage se présenta effectivement après le diner, le jeune Mozart va au piano, improvise une sonate. Il fit d'abord quelques gammes, puis des accords avec un aplomb extraordinaire, et s'animant, il se mit à improviser un thème si doux, si grave que le maître de chapelle en demeura muet de surprise. « Viens m'embrasser, dit le père, avec l'aide de Dieu, de Notre Dame de Lorette et du grand S. Jean Népomucène, tu seras un jour un grand artiste, un grand compositeur. Mais qui te poussera dans le monde, qui te protégera ?... « Moi ! s'écria une voix extérieure. » C'était l'étranger... c'était Sa Majesté l'Empereur d'Autriche, François Ier. A la cour, l'Impératrice choya l'enfant, l'associa aux jeux de Marie-Antoinette. A huit ans, Mozart parut en 1763 à la cour de Versailles, il toucha de l'orgue à la chapelle Royale et se montra, dit-on, à la hauteur des premiers maîtres.

Qui sait si ce ne fut pas à sa pensée charitable envers ses parents, à sa prière envers N.-D. ce Lorette qu'il devint le célèbre Mozart, l'auteur de tant de chefs-d'œuvre qui le placent au premier rang !

Pénétrons maintenant dans l'auguste enceinte tant vénérée du monde catholique.

Les dimensions de la sainte maison de Marie sont de neuf mètres et demi sur quatre mètres. Les murs sont extérieurement entourés d'un magnifique revêtement en marbre de Carrare où sont représentés par le ciseau les Prophètes et les Sibylles qui ont annoncé la naissance du Messie. Ces sculptures, pleines de grâce et de délicatesses, ont été taillées, ciselées par les plus habiles sculpteurs de l'Italie et particulièrement par le célèbre Sansovino V.

Au nord, on voit ces inscriptions. « Voici qu'une vierge concevra et enfantera un fils. » (Isaïe). — J'ai vu par une permission divine qu'une vierge donnera au monde un rejeton tout éclatant de gloire (Sibylle de l'Hellespont). — Le prophète Daniel écrivant les *ixante dix semaines* — la Sibylle de Phrygie disant :« Dieu lui-même a voulu envoyer du ciel dans le sein d'une Vierge son fils, tandis que l'ange l'annonce — le prophète Amos, avec cette parole : « En ce jour je susciterai le tabernacle de David : — la Sibylle de Tibur prédisant : « Elle concevra dans le pays de Nazareth le Dieu que Bethléem verra en sa chair. »

Au midi, on remarque le prophète Zacharie annonçant : « Voici que le nom de cet homme sera Orient » — la Sibylle de l'Érythrée disant : « Annoncé pendant des siècles, un roi viendra du ciel, une vierge des Hébreux, pleine de beauté, l'enfantera » — le prophète David chantant : « Je placerai sur ton trône le fruit de tes entrailles » — la Sibylle de Cumes prédisant : « Alors du sommet de l'Olympe Dieu enverra un roi, un roi de la milice éternelle qu'une vierge nourrira de son propre lait » — le prophète Malachiel écrivant : « le Seigneur suscitera un prophète qui sera, comme moi-même, de notre nation » — la Sibylle de Samos annonçant : « L'homme pourra toucher de ses mains ce roi glorieux des vivants qu'une vierge inviolable réchauffera sur son sein mortel : » — Balaam prophétisant : « Une étoile s'élèvera de Jacob » et la Sibylle de Cumes prédisant : « humble entre tous, il choisira pour mère une chaste vierge. » Au couchant, c'est le prophète Jérémie disant : « Dieu a fait une chose nouvelle sur la terre, une femme enfantera un Dieu » — la Sibylle Lybique écrivant : « Le prince éternel viendra dans le temps, ce roi reposera ses membres sur le sein de la Reine du monde » — le prophète Ézéchiel prédisant : « Je susciterai mon pasteur » ; et la Sibylle de Perse annonçant : « Conçu par une vierge-mère, ce grand Dieu naîtra d'une chaste vierge. »

Et parmi ces personnages et ces inscriptions on admire les sculptures de : la Nativité de Marie, ses Fiançailles, la naissance de Jésus-Christ, l'adoration des Mages, la translation de la Santa Casa, la mort de la Ste-Vierge, l'Annonciation, la Visitation. Tout cet ensemble forme un incomparable et merveilleux ouvrage.

A l'intérieur de la Santa Casa, les murailles sont demeurées intactes ; elle sont formées de pierres rectangulaires de petite dimension et de couleur rougeâtre en manière de briques. Jusqu'à hauteur d'homme elles sont lustrées et vernies par les baisers des pèlerins. Vers le haut, on aperçoit des vestiges de fresques attribuées au pinceau de S. Luc. La toiture a été remplacée par une voûte superposée au milieu de laquelle on a pratiqué une lucarne circulaire. Aux trois quarts de la longueur de la Santa Casa est l'autel des Apôtres que surmonte la statue de la Vierge attribuée à S. Luc, ce qui fut confirmé par des révélations authentiques. Cette précieuse statue est en bois de cèdre, elle a été emportée en 1797 à Paris par ordre du Directoire, mais elle fut rendue à Pie VII le 11 février 1804.

L'autel enrichi d'agathes de lapis lazuli et de jaspes, renferme l'autel primitif sur lequel S. Pierre et les apôtres offrirent le sacrifice eucharistique. On l'aperçoit à travers des lames de cristal. Soixante lampes en argent et en vermeil brûlent la nuit et jour et d'innombrables cœurs en or et en argent sont attachés autour de l'autel.

En dehors se trouve adossé l'autel de l'Annonciation où beaucoup de prêtres disent la messe. Derrière l'autel apostolique on remarque avec curiosité la petite cheminée de la Sainte Famille, puis une armoire où l'on conserve soigneusement un vêtement de la Ste Vierge et deux petites écuelles, dont on confectionne à Lorette des fac-simile « pour les pèlerins ». A l'extérieur rien n'apparaît de la Santa Casa, si ce n'est son petit clocher et les deux petites cloches transportées miraculeusement de Nazareth avec la maison elle-même.

Une marche en marbre blanc fort épaisse entoure la Santa-Casa dans toute son étendue. Les genoux des nombreux pèlerins y sont creusé de profonds sillons. Ce sont des milliers d'hommes, de toute langue, de toute nation, venus souvent à pied, harassés de fatigue, couverts de sueur qui se prosternent sur le pavé de l'Insigne Basilique, se traînant sur les genoux et faisant dans cette attitude humiliée le tour de la Sainte Maison.

Vingt-et-une chapelles rayonnent dans la cathédrale autour de la Santa Casa comme une constellation d'étoiles.

Seize chanteurs qui ont le titre de sous maitres de musique et dont le répertoire invariablement se compose d'œuvres des plus grands maitres, sont chargés du chant des offices.

Deux chapelains français qui doivent leur présence à des fondations de la France, reçoivent les pèlerins Français ; quatorze chanoines titulaires et les RR. PP. capucins gardent la sainte maison.

Le Cardinal Rampolla en est le protecteur, et le célèbre cardinal Lavigerie, archevêque d'Alger, en fut chanoine d'honneur.

« Ah ! s'écrie Louis Veuillot, lorsqu'au bout de sa longue route le pèlerin aperçoit enfin, non pas la maison elle-même, mais le temple qui la renferme, soyez assuré qu'il n'est plus besoin d'attestations et de procès-verbaux ni de raisonnements, pour constater ce qui se constate en ce moment-là de soi-même au fond de l'âme. » Je n'essayerai pas de peindre les sentiments qui oppressaient nos cœurs, écrivit à son tour Mgr Dutêtre alors vicaire général de Tours, lorsqu'en 1829 il fit le pèlerinage de Lorette avec son Archevêque Mgr de Montblanc : à peine puis-je m'en rendre compte à moi-même. Comme nos âmes furent profondément émues en lisant au-dessus de la porte de la Santa Casa : *Hic Verbum caro factum est.*

DE LA MUSIQUE
EN MORALE ET EN RELIGION

La musique est un art qui remonte à l'origine du monde, ce qui au prime abord prouve qu'elle est un besoin de notre nature. Entre le son harmonieux et l'âme il est un rapport merveilleux, le plus petit bruit de la nature n'agit-il pas sur notre cœur, soit pour le charmer, soit pour l'effrayer même, soit encore pour le réveiller dans sa pensée mélancolique. N'est-il pas vrai que la musique s'harmonise avec tous les sentiments ? tour à tour elle est vive, gaie, agitée, puis rêveuse, sentimentale, pénétrante. Le guerrier ne résiste pas à ses accents qui rendent sa marche allègre : et l'emportent au combat. Le pâtre des montagnes écoule ses heures de veille en fredonnant des airs simples et naïfs que l'écho répète, comme pour unir l'homme intelligence à la création inférieure.

L'ouvrier honnête charme son travail par des chants qui respirent le contentement et la paix acquise dans le devoir accompli.

La jeune ouvrière se délecte et prend plaisir

à ses chansons mélancoliques ou joyeuses. La famille bien inspirée, comme ces paysans chez qui descendit un jour le fameux Beethoven, aime à se reposer en formant un chœur ou même en jouant une symphonie. Ce fait est malheureusement rare, mais il s'est vu et se voit.

Et en cela quelle source abondante de morale, de plaisir pur et de consolations profondes !

Heureux le jeune homme qui cultive la musique ! il y trouvera une pâture à son intelligence qui par là même grandira : son cœur parfois attristé par l'aspect des misères humaines, froissé dans ses sentiments, abattu par la douleur, brisé par la séparation, ulcéré par l'injustice ou la méchanceté prendra quelque consolation dans la mélodie qu'il chantera ou exécutera sur son instrument.

Et loin de s'égarer dans les sentiers périlleux et malsains de la vie, il sera retenu au foyer paternel, au sein de la famille, parmi les bons amis, par la musique qu'il cultive et qu'il aime. Elle sera pour lui une occasion et un lien de bonne société, car le musicien a quelque chose de noble et dans son cœur il y a du bon. La musique appartient donc à la bonne éducation et le grand évêque de Poitiers, au IVe siècle, S. Hilaire la proclamait nécessaire à l'homme chrétien.

C'est effectivement un langage tout divin qui s'élève au-dessus de la simple parole, au-dessus même de la poésie : tout y est idéal, immatériel : elle est un avant-goût du ciel, elle le peint, elle le prouve. Indéfinie dans ses créations, elle possède un charme singulier qui élève l'âme vers l'infini.

Aussi les incrédules n'aiment pas la musique, ils rechercheront de préférence les sciences sèches et abstraites qui les endorment plus profondément en leur torpeur religieuse, et gonflent leur cœur de suffisance et d'orgueil.

La musique s'allie naturellement à la religion : la musique sacrée est même une des formes du culte divin. Elle eut pour auteurs les premiers chrétiens, S. Ambroise, S. Grégoire ; et avant l'ère chrétienne, Jubalcaïn, Moïse, Samuel, David, Salomon qui réunit jusqu'à 200.000 chanteurs, en furent les promoteurs. Dans la suite des temps, Guy d'Arezzo, bénédictin inventa la gamme, Dunstan, évêque de Cantorbéry, formula les règles du contrepoint et nombre de religieux et de prêtres se distinguèrent en cet art qui est essentiellement chrétien et ecclésiastique.

Il convenait que la musique, de quelque manière qu'elle se produise, appartienne au culte divin. Langage mystérieux et universel, sentimental et pénétrant, elle y occupe une place d'honneur en confraternité avec les arts décoratifs.

Avant la Révolution, on comptait en France plus de 450 psallettes : Hayden, Gossec, Grétry, Mehul, Lesueur, Boïeldieu, Félicien David, Fétis, le pape Urbain IV furent des enfants de psallette. Beaucoup d'évêques jadis avaient été maîtres de chapelle et S. Charles Borromée le fut lui-même à Sainte-Marie-Majeure. L'histoire ecclésiastique enseigne que bien des saints ont cultivé la musique avec habileté.

Rien n'est beau comme le chant d'église chanté par des masses de voix ! Le peuple autrefois chantait avec le clergé. S. Grégoire et les grands liturgistes en font une loi et les pèlerinages donnent annuellement une idée du merveilleux effet que cela produirait dans les âmes.

L'AMITIÉ

Le monde est rempli d'amis. Qui ne parle pas en effet de ses amis et même d'amis nombreux ? Croyant à ce langage universel des hommes, rien ne serait plus commun que l'amitié. Pourtant la véritable amitié est rare et celui qui possède un ami vrai possède un trésor.

Un ami, c'est un second soi-même dans le cœur duquel on puisse répandre le trop plein de son cœur, soit en peines, soit en satisfactions. C'est un second soi-même sur lequel on puisse faire reposer en partie le poids d'une disgrâce, celui d'une infortune ou d'un accident malheureux. L'amitié est de cette sorte une tendre ressource dans les chagrins, et c'est également un doux lien de société, un suave plaisir du cœur. Rien ne contribue davantage à la douceur de la vie, au bonheur de l'existence !

Comment l'amitié se forme-t-elle ? Elle se produit par des vues de convenance, d'agrément et d'utilité. Ce sont des écoliers, des étudiants, des confrères, et des collègues que la même condition unit d'abord, puis que la sym-

pathie, les services rendus et les années font
meilleurs amis et lient ensemble plus sérieu-
sement, plus intimement, plus solidement.
L'amitié fortifie les hommes entr'eux comme
l'union de plusieurs lames d'acier augmente la
puissance de l'aimant artificiel.

Du bonheur d'un ami qu'un ami soit la source !
Qu'ils confondent leurs cœurs et qu'il n'en reste qu'un !

Cependant si l'amitié fait le charme de la
vie, si elle est un trésor estimable, elle oblige
à des devoirs, il faut qu'elle revêtisse certaines
qualités. L'amitié demande de l'énergie dans
l'âme : dans son tissu il doit y avoir respect et
politesse, car il ne sied pas à un ami d'abuser et
de blesser tant soit peu. Pour mériter un ami,
il faut savoir l'être soi-même. Enfin, toujours
fidèle et discrète absolument, l'amitié doit être
capable de parler et d'entendre en temps et
lieu le langage de la vérité. C'est à cause de
cela qu'un moraliste a dit que l'amitié était
faite pour le sage. Parole profonde! l'homme
puissant a des valets et des courtisans, l'homme
riche des flatteurs, l'homme de génie des admira-
teurs, le sage seul a des amis, nous voulons dire
des amis sérieux et non pas de ces amis d'occasion, de vanité et d'intérêt qui fourmillent dans
la société.

N'en est-il pas qui quittent leurs amis comme
des joueurs quittent un jeu de carte. Ils le
tiennent en main tant qu'ils espèrent gagner.
Telles sont trop souvent les amitiés du monde-

amitiés des ambitieux, amitiés des vaniteux, amitiés des gens légers.

La bonne et véritable amitié ne se forme pas en un jour, elle ne se donne pas au hasard, elle a pour fondement la vertu. « J'ai grand peur, disait J. J. Rousseau, que celui qui, dès la première entrevue, me traite en ami de vingt ans, ne me traite au bout de quelque temps comme un inconnu, si j'avais quelque service à lui demander. »

Effectivement l'occasion est la pierre de touche de l'amitié, elle découvre l'âme et en révèle le secret.

L'amitié basée sur la vertu est seule durable, car la vertu rend patient, désintéressé, modeste, par conséquent moins sensible à tout ce qui amène rupture et division. L'on ne peut aller loin dans le chemin des amitiés, si l'on n'est pas disposé à se pardonner les petits défauts et les petites fautes. Mais nombre de gens ne font guère ce qu'il faut pour maintenir l'amitié exigeants envers les autres, très faciles pour eux-mêmes, de sorte qu'en somme il y a peu d'amis qui ne finissent par le refroidissement et n'en viennent à de simples civilités. Dépouillez-les de la politesse qui les couvre, vous ne trouverez plus qu'un vil commerce d'intérêts.

Chose certaine, c'est qu'il n'y a pas d'amitié parmi les méchants, ce n'est qu'une amitié de nom, hypocrite et mensongère. Le principe qui les lie bientôt les désunit. Saurait-on aimer ce qu'on n'estime pas. La véritable et sincère amitié repose sur la connaissance, l'estime, la vertu et le temps. Les faux amis sont assidus lorsque la fortune favorise, mais ingrats et déserteurs quand elle s'enfuit.

Dans l'amitié il y a mille devoirs délicats à remplir ; le plaisir d'aimer et d'être aimé ne s'acquiert que par une multitude de privations et de sacrifices qui sont la monnaie de l'amitié.

Les hommes recherchent cette pierre précieuse de l'amitié, parce qu'ils sont mendiants de charité, parce qu'ils veulent tous être aimés.

Que cherchent-ils d'ordinaire ? qu'on les connaisse, qu'on les estime, qu'on les apprécie, à leur valeur, en définitive qu'on les aime, et pour obtenir ce but, ils prennent trop souvent le faux chemin des honneurs, honneurs dont la vue et le trompeur éclat rend haineux et jaloux les uns et aveugle ou gonfle ceux qui en sont chargés.

« Ce n'est pas vivre que de vivre sans amitié, disait le poète Ennius. »

« Pas d'ennemis, beaucoup d'amis, excellente maxime à mettre en pratique. »

10 décembre 1888.

LA POLITESSE

Depuis trois cents ans, l'étendard de la révolte est dressé contre le vrai christianisme, tel qu'il vient de N.-S. J.-C. et des apôtres : le bel esprit, le libertinage, la science elle-même, la presse, toutes les puissances du monde travaillent en tous sens à l'amoindrir, à l'enchaîner, à l'opprimer, même à le détruire radicalement.

Et le mal avance chaque jour d'un pas, et chaque jour une pierre de l'édifice religieux tombe et entraîne avec elle autant de pierres de l'œuvre morale.

C'est ainsi que les crimes s'amoncellent plus stupéfiants et plus monstrueux, l'iniquité abonde, la charité se refroidit, la politesse, cette fille de la charité, s'en va.

Cette qualité des gens biens élevés s'appelle *politesse*, parce qu'elle doit briller de son plus vif éclat dans l'élite de la société : elle s'appelle *urbanité*, parce qu'elle appartient surtout aux gens des villes : elle s'appelle *civilité*, parce qu'elle est l'apanage obligatoire et l'ornement du bon citoyen.

La vraie politesse, celle dont les racines

partent du cœur, est fille du christianisme, puisqu'évidemment elle est engendrée par la charité, dont elle est la fleur et le parfum. Un grand théologien, S. Thomas d'Aquin, enseigne que la politesse est la beauté de la vertu; *decor honestatis*; elle en est bien effectivement la couleur, la forme, les apparences séduisantes, les attraits charmeurs.

Je ne parle pas de cette politesse purement mondaine qui n'est que la caricature de la charité, l'hypocrisie de la vertu, de cette politesse toute en formes, toute grimacière, toute externe et mensongère qui prononce les plus belles formules avec des lèvres menteuses, et, dans ce cas, le cœur ignore ce que dit la bouche.

Eh bien, cette politesse-là s'en va de même, à la faveur funeste d'un faux esprit démocratique, lequel pourchasse toute estime et tout respect, veut niveler sans honneur tous les mérites, tous les talents, toutes les valeurs, pour les mettre à l'égal de celui qui ne les a pas, et jalouse toute supériorité. Que le goujat soit à tu et à toi avec l'homme supérieur par l'esprit, par la science, par le talent, par la naissance, tel est de cette fausse démocratie le ridicule idéal.

Considérez un peu ! cet enfant a-t-il une respectueuse attitude devant ses parents ? plus âgé, n'est-il pas disposé, entraîné au mépris et à l'insolence ? Cet écolier a pour son maître, non plus cette estime et cette amitié des temps passés, mais rire moqueur, parole gamine et geste méprisant. Nos jeunes gens ressemblent-ils à ces jeunes Spartiates qui se levaient avec vénération sur le passage d'un vieillard ?

Le salut des rues se fait d'une façon brutale, parfois cassante, même ridicule. Celui-ci effleure du bout des doigts son couvre-chef ; celui-là vous envoie son salut de la façon la plus leste ; ce dernier, pareil à un pacha, ne daigne pas se découvrir ; enfin, le salut de nos jours est le simple coup de chapeau, et non pas une marque d'estime et de respect. Fi donc, le respect ! L'homme vicieux croit-il à la vertu ? L'égoïste se soucie-t-il des autres ? Le révolutionnaire se nourrit de haine, l'ambitieux vous considère comme un instrument, un outil, une ficelle à manœuvrer.

Cette politesse bienveillante, aussi digne que simple, fait défaut : elle s'est réfugiée dans les cœurs demeurés chrétiens ; ailleurs, quand elle se montre, elle n'est que mensonge, mécanique, et caricature.

La vraie politesse est une perfection, c'est la constante pratique de la plus belle vertu, l'accomplissement de la loi divine en son premier et fondamental commandement.

Mais ne forçons pas la note. Il est des gens qui deviennent impolis par excès de politesse inintelligente. N'outrez jamais, vous deviendriez ridicule. Vous obsédez un convive pour qu'il accepte d'un mets dont il ne veut pas ; vous faites la contredanse, devant une personne à qui ne passera pas le premier ; vous fermez la porte au nez à quelqu'un qui veut aimablement vous reconduire ; vous venez en visite à l'heure du repas, vous prolongez votre visite, vous éternisez la conversation, vous ennuyez au lieu de plaire. Ces ridicules mettent en relief que toute l'essence de la politesse gît dans la charité. Celle-ci est la véritable base. Soyez charitables, vous serez toujours polis. Aimez-vous les uns les autres, et la politesse ressuscitera, le respect renaîtra et l'urbanité des villes, passant à la campagne, reliera les uns et les autres par les aimables liens de l'estime et de la concorde.

LE MONDE

« L'étude du monde a plus de difficultés qu'on
ne pense, dit J. J. Rousseau. Je ne sais quelle
place il faut occuper pour le bien connaitre. »
Évidemment ce mouvement perpétuel, cette
multiplicité d'affaires, la variété des passions
qui agitent l'humanité sont bien capables d'é
tablir la confusion dans les idées et les jugements. Cependant ceux qui sont dans le monde
comme spectateurs souvent le connaissent
mieux que ceux qui y sont comme acteurs.
Ceux-ci sont trop exposés à l'erreur, trop placés
sous les charmes et les entrainements de la fas-
cination. Aussi Boileau de dire :

Le monde, à mon avis, est comme un grand théâtre
Où chacun en public, l'un par l'autre abusé,
Souvent à ce qu'il est, joue un rôle opposé.

Le monde est en effet trompeur. Il promet
des honneurs, des richesses, des plaisirs, et il
ne donne la plupart du temps que douleurs,
pauvreté et humiliations. Tel ambitieux court
ardemment, laborieusement, avec longueur de
temps et fatigue après un honneur, et cet hon-

neur est un fantôme qui échappe à ses mains avides.

Tel homme de talent poursuit la gloire et voilà que l'envie au noir visage ronge son œuvre, les jaloux l'enveloppent de toutes parts et lui barrent le passage de sorte que la réputation qu'il rêve devient une chimère insaisissable. Pour l'homme de plaisirs la terre est une terre de malédiction où les plaisirs mêmes portent des épines et renferment des amertumes. Le plaisir amène la fatigue, la maladie, voire même la mort. Combien de jeunes gens moissonnés à la fleur de l'âge pour avoir trop bu à la coupe des plaisirs !

Ce n'est pas sans raison que Mme de Maintenon écrivait à Mme de Fontanes : « Le monde est un menteur, il nous promet des plaisirs et ne nous donne que des peines. » On raconte qu'un tailleur de pierres avait trouvé un trésor mais cette trouvaille enchanteresse fit son malheur. Assez vite il perdit sa gaieté, et ses vertus de modestie, d sagesse, de patience, de commisération disparurent pour laisser la place inoccupée à l'orgueil, à la présomption à l'illusion, à la jactance, à la sécheresse du cœur. Comme le savetier de la fable, il perdit son bonheur et sa joie.

A la tromperie le monde ajoute la flatterie, non pas cette flatterie aimable qui sait faire un compliment mérité et donner un encouragement amical, mais cette flatterie du renard qui vit aux dépens de celui qui l'écoute, flattenie dont les assises sont l'intérêt et l'égoïsme. Que sont trop ordinairement les flatteries du monde? un masque coloré et vernis qui cache l'hypocrisie. La bouche complimente mais l'esprit critique et blâme intérieurement tout comme méchamment.

Ainsi s'écoule la vie du monde, de ce monde frivole, léger, sans foi, sans probité, sans mœurs, et sur lequel Jésus-Christ a lancé son célèbre : *Væ mundo*.

Nous l'avons presque dit, le monde est méchant. Ses jugements sont injustes, son esprit est querelleur et vindicatif. La société n'est-elle pas pleine de gens qui remarquent les défauts des autres avec un discernement admirable, dont l'œil est sans cesse en vigie et dont la langue trop mobile blesse comme un trait perfide, même les amis.

Enfin, le monde positivement n'est pas aimable, car est-il autre chose en définitive que la mise en train des sept péchés capitaux? et personne n'affirmera qu'aucun de ces vices soit aimable. Percez son écorce séduisante et dorée que couvre-t-elle ? la vanité et la fragilité. Le monde promet beaucoup, et il ne donne pas : s'il donne, il ne contente pas : s'il contente, cela dure peu. Il inspire les passions, et en blâme sévèrement les conséquences : il autorise tout ce qui conduit au dérèglement, bals, spectacles, coquetterie, et couvre de honte sans indulgence et sans pardon le dérèglement. Les amis ! il se sert des amis comme d'un jeu de cartes, pour gagner, et quand l'infortune vous accable, ils se retirent et s'éloignent. Ainsi firent les amis de Job! ainsi se pratique-t-il encore!

En présence de cette contrariété constante et de cette perpétuelle contradiction, usons de ce monde comme des voyageurs qui passent, car lui-même passe semblablement. (1 Cor. 7.)

LA PART A DIEU

OU LE BUDGET DE L'OPULENCE

Le dix-neuvième siècle peut être appelé l'adorateur du veau d'or, qui est le dieu du jour. Mais le Sauveur des hommes a laissé dans son Évangile cette parole qui se réalise trop en ces temps : « celui qui n'amasse pas avec moi, dissipe; celui qui n'est pas avec moi, est contre moi. » (Luc. XI, 23). Ne voyons-nous pas les banqueroutes et les faillites se multiplier ? Certaines fortunes ne s'engloutissent-elles pas? Les pertes de toutes sortes ne se reproduisent-elles pas chaque jour? Où en est le commerce du monde entier, surtout celui de l'Europe ! Demandez où en est l'industrie ? Demandez où en est l'agriculture ? Des fermes de grande valeur se vendent aujourd'hui pour le prix de leur revenu d'autrefois? les pays vignobles sont minés: l'inquiétude pour l'avenir règne partout. Les caractères s'affaissent, on rampe. Quand viendra le *sursum corda?* Hélas! celui qui n'amasse pas avec le Christ, dissipe ! Il ne fait pas d'efforts pour sortir de son avilissement. Cet amateur de l'argent n'est

point charitable... s'il n'était qu'égoïste ! il veut
l'argent pour le bien-être, le confort, les honneurs, les dignités, le pouvoir et la domination.
Afin d'assouvir ses bas instincts, l'égoïste est
anti-social, anti-chrétien, sans noblesse et
sans vertu : il donne comme fruit la dureté du
cœur, l'autocratie, le despotisme. Combien
d'amoureux de l'or et de l'argent sont despotes
au petit pied ?

Les riches devraient être les économes des
pauvres : de leurs trésors une source doit cou-
ler en faveur du pauvre, qui est leur frère
suivant la nature et suivant la religion. Ne dit-
on pas chaque jour : « Notre père qui êtes
aux cieux » « J'aime les biens, disait Pascal,
parce qu'ils donnent le moyen d'assister les
malheureux. »

« Ne craignez pas de m'appauvrir en don-
nant trop, s'écriait Rollin, le célèbre recteur de
l'Université, c'est placer mon argent à gros intérêt !... »

L'aumône est effectivement le sel des richesses.

On reprochait à un noble chrétien de Milan
de ruiner sa famille par des aumônes trop
abondantes. « Si je prends soin des enfants de
Dieu, répondait-il, le Seigneur prendra soin
des miens. » L'un de ses enfants devint Charles
Borromée ! Donnons donc aux pauvres.

Des pauvres ! Il y en aura toujours parmi nous
(Deutéronome XVII ; Matth. XXVIII), afin
d'empêcher le cœur de l'homme de s'endurcir.

—afin de troubler le funeste repos de l'opulence,—afin de réveiller dans les âmes, la piété, la miséricorde, la charité, —afin qu'il y ait toujours des vertus sur la terre. En général, les grands hommes de l'antiquité ont été pauvres. Les inventeurs, qui font le progrès et donnent à l'industrie un nouvel essor de siècle en siècle, furent pauvres la plupart du temps. Si la pauvreté demeure toujours, l'aumône doit être sa compagne assidue.

Donc, l'homme charitable doit-il établir son budget en conséquence. Si chacun ne fixe pas dans ses dépenses la part des pauvres, c'est-à-dire la somme qu'on doit leur distribuer, on fera difficilement l'aumône, et la charité sera mal faite.

Le Pharisien de l'Évangile ne donnait-il pas le dixième de ses revenus aux pauvres !

Une grande dame du monde, possédant une fortune de cent mille francs de rentes, en sacrifiait annuellement cinquante mille pour les œuvres de bienfaisance. Une certaine comtesse avait pour habitude de tenir chaque jour en sa poche 20 francs destinés à la charité. Chaque membre de la société des secours mutuels hésite-t-il à verser annuellement sa cotisation de 10 francs en faveur des associés qui tombent dans le besoin ! Le franc-maçon ne remet-il pas chaque année entre les mains du trésorier de sa loge, 10, 20, 50, 100 francs, suivant son grade maçonnique ? Et cela multiplié par 12,000,000, produit une somme colossale dont nous ignorons l'emploi... Le joueur sacrifie volontiers à sa passion des milliers de francs jusqu'à ce qu'en un jour néfaste, sa fortune s'y perde entièrement. L'orgie, la débauche, et la somptuosité de la table n'engloutissent-elles pas mille fois la part qu'on doit aux pauvres? Le luxe des toilettes dévore également des sommes fabuleuses, tout comme les spectacles. Une dame dépensait 25,000 francs par an dans une maison de nouveauté à Paris, et cela uniquement pour sa parure. Donna-t-elle à l'indigent, lui qui souffrait la nudité, le froid, la misère?

Souvenons-nous bien que l'aumône fortifie la foi, obtient la rémission des péchés, attire sur les donateurs des grâces de choix et leur procure le Ciel à l'article de la mort. La miséricorde divine vient en aide à l'homme charitable. De toutes vos richesses, vous ne trouverez après cette vie que ce que vous aurez confié au Ciel par la main des pauvres.

N'oublions donc jamais, chacun selon nos moyens, de réserver dans notre budget annuel la part de Dieu, qui est celle des pauvres.

A M D G

Contraste insuffisant

NF Z 43-120-14